ACTUALITÉS

LE PARISIEN

NOUVELLE POLITIQUE

PAR

CHARLES MAILLARD DE BROYS

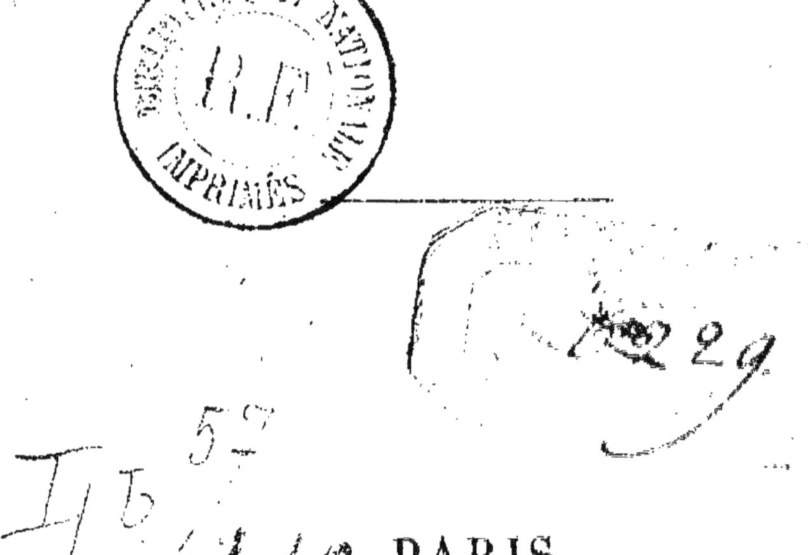

PARIS

CH. DOUNIOL ET Cie, LIBRAIRES-ÉDITEURS

RUE DE TOURNON, 29

—

1873

LE PARISIEN

NOUVÊLLE POLITIQUE

I

La scène que nous nous proposons de raconter se passe dans l'unique et bien modeste auberge d'un village de Bretagne. Bien que l'enseigne de la maison porte, avec emphase, cette inscription en caractères voyants : « *Hôtel de la Croix verte* », nous n'en persistons pas moins, pour des raisons dont nous ferons grâce au lecteur, à lui donner la dénomination de *cabaret* ou *auberge*, si l'on aime mieux.

Nous sommes au dimanche, à l'issue de la messe paroissiale. Dans ce pays si riche en souvenirs héroïques, on n'a pas encore, Dieu merci, perdu cette foi vive qui fait respecter le saint jour du Seigneur.

Aussi, fidèles à leurs principes religieux, les aubergistes avaient-ils prévenu leurs clients que la maison serait fermée pendant l'office divin, sans même prendre le moindre souci de ce qu'allait en penser *le Parisien*.

Ici, cher lecteur, vous nous permettrez de vous faire, le plus brièvement possible, du reste, le portrait de celui que nous appelons ainsi. D'ailleurs, il ne vous sera pas inutile de connaître ce personnage, destiné à jouer un rôle important dans le cours de ce récit.

Son nom indique assez sa patrie. Était-il originaire de Paris ? C'est une question que nous laissons à résoudre, car nous l'avouons franchement, nous n'avons pas constaté son état civil.

Ceci posé, nous prenons le fusain et nous esquissons à longs traits, le moins mal possible, ce type d'après nature.

Il était de taille moyenne, et possédait des membres fluets, en proportion parfaite avec son corps ; son front sillonné de rides, sa figure taillée en amande et décorée d'une moustache noire, comme ses cheveux, n'indiquaient point un être dépourvu d'intelligence, mais accusaient chez lui une décrépitude précoce. Sa mise contrastait étrangement avec ses prétentions : son pantalon de drap rayé, sa blouse de lin blanc débraillée, et sa casquette artistement posée sur l'oreille, lui donnaient, à s'y méprendre, l'air d'un ouvrier de la Villette.

Cependant, jusqu'à preuves du contraire, nous considérerons cet individu, qui pouvait avoir vingt-neuf ou trente ans, comme un des nombreux rédacteurs des puantes feuilles communardes. Ce qu'il venait faire en Bretagne ? tout le monde l'ignorait. A coup sûr, ce n'était pas uniquement dans le but de goûter les charmes de la villégiature : sa bourse ne semblait pouvoir lui passer cette satisfaction.

Pourtant, on savait qu'il était en *mission*... lui-même l'avait dit. Ce mot lâché devant quelques paysans donna singulièrement à penser sur son compte. Ces bonnes gens, d'un naturel défiant, se promirent d'étudier les faits et gestes du *Parisien.*

Du soupçon à la certitude, il n'y a qu'un pas, et sous le coup d'impressions diverses, ils le franchirent rapidement.

Les plus déterminés d'entre eux émettaient l'avis qu'il fallait de suite se débarrasser de sa personne, en le priant de continuer sa route, sans s'arrêter plus longtemps dans leur localité.

Les plus timides proposaient d'aller quérir Monsieur le Maire.

Si les opinions différaient sur les mesures à prendre, en revanche, tous, d'un accord unanime, lui trouvaient un air un peu singulier pour un *missionnaire.*

Dans leur bon sens, ils ne s'imaginaient pas qu'il pût y avoir d'autre missionnaire que le prêtre revêtu de l'habit ecclésiastique.

Néanmoins, tout indisposés qu'ils fussent contre notre héros, et sans trop savoir pourquoi, hâtons-nous de le dire, ils convinrent de garder le secret de cet entretien, jusqu'à nouvel ordre.

Alors, ils s'acheminèrent lentement vers le cabaret, silencieux et graves comme des hommes qui mûrissent un projet conçu depuis quelque temps, et dont, pour rien au monde, ils ne voudraient être détournés.

Bientôt nous les y rejoindrons ; mais auparavant, cher lecteur, nous pensons qu'il serait bon de revenir à notre personnage que nous avons laissé fort peu charmé, sans doute, de voir ses hôtes en préparatifs pour l'accomplissement d'un devoir sacré.

II

Tout en maugréant contre un tel manque de convenances, force fut bien au Parisien d'en prendre son parti ; mais principalement lorsqu'il entendit l'aubergiste lui faire cette injonction :

« Bourgeois, voilà l'heure de la messe ! Nous y allons tous, ici ; si le cœur vous en dit, venez avec nous, bien que l'église soit petite nous vous trouverons toujours une place. Si vous ne le voulez pas, tant pis : quant à nous, nous fermons la porte.

— Mais, halte-là ! comme vous y allez, mon brave, quand on est aubergiste on ne doit sous aucun prétexte quitter sa maison.

— Même pour aller à la messe ?

— Même pour cela !...

— Ta ! ta ! ta ! c'est bon pour vous autres gens des villes, qui vous souciez de votre âme comme du chien. Pour nous, c'est différent. Ainsi, ayez la bonté de sortir. Entendez-vous ?

— Je proteste contre cette mesure aussi illégale qu'impolie ! dit le Parisien en colère.

— Dame! si vous n'êtes pas content... il faut aller ailleurs; je ne vous retiens pas de force ! »

Ce disant, notre homme pousse d'un bras vigoureux le Parisien à la porte, prend la clef et rejoint en toute hâte sa femme et ses enfants qui en ce moment entraient à l'église.

Rougissant et pâlissant tour à tour, sous l'impression de la colère, notre héros resta tout interloqué de la façon cavalière dont on l'avait traité. Enfin, après quelques instants d'hésitation, il prit carrément le parti qui lui sembla le plus sage : la résignation. Il résolut donc de faire un tour de campagne en attendant le retour de ces *« superstitieux imbéciles. »*

Ces expressions, paraît-il, étaient encore les plus bénignes de son vocabulaire.

« Après tout, se dit-il, une petite humiliation de plus ou de moins importe peu, si le succès est au bout. A vaincre sans péril, on triomphe sans gloire. C'est égal; ces diables de Bretons me donneront du fil à retordre, si tous ressemblent à mon hôte. Leurs *calotins* les fascinent si bien qu'il ne sera pas facile de les enjôler. Mais voyons.... comment m'y prendrais-je ? Pour remporter une victoire et se rendre maître d'un champ de bataille, il faut déployer une grande habileté stratégique.... On a beau dire, tous ces brigands d'officiers réactionnaires s'y entendent à merveille.., beaucoup mieux que ceux de Gambetta.

Je ne suis pas fâché de l'aventure, cela va me donner le temps de la réflexion. Sans cela, je me serais, sans aucun doute, fourvoyé comme un sot, et ma position n'eût pas été des plus nettes auprès des membres du *comité*. Ce sont des gaillards qui avancent de bonne monnaie, aussi, est-il de mon intérêt de conserver leurs bonnes grâces.

Ah !... une idée me vient... c'est bien cela... j'y suis : ces paysans sont entichés de leur religion et de leurs prêtres ; les attaquer directement, il n'y faut pas songer ! L'entreprise la plus audacieuse subirait un échec, si elle venait à toucher maladroitement cette corde. Avec cela, ils n'ont point l'air si aimable ! Un mauvais coup est vite donné et encore plus vite reçu. Comme je tiens à ma peau par-dessus tout..., j'agirai avec prudence... Une fois estropié, la république, pas plus généreuse qu'il ne faut, me laisserait poliment de côté.

Donc, au lieu de commencer par la religion..., je déclamerai contre les nobles et Henri V. Un honnête homme pourtant, que ce prince ! Je le servirais avec beaucoup plus de plaisir que la *rouge*, s'il voulait bien me payer !

Bref ! je ferai passer l'un pour un tyran qui veut ramener la dîme, et autres mille bêtises qu'ils sont capables d'avaler comme de l'eau claire ; et les autres comme des accapareurs et des gens s'engraissant des sueurs du peuple.

Je vanterai les bienfaits de la république, c'est-à-dire : j'en inventerai. Si je réussis, comme je l'espère, naturellement, le tour des prêtres viendra.

Les présentant comme ennemis acharnés de la république et de tout progrès social, je prouverai que, d'accord avec la noblesse, ils préparent secrètement la guerre civile pour renverser Thiers au profit du comte de Chambord.

Pour les convaincre, j'emploierai mon éloquence la plus persuasive, et ils auront la simplicité de croire ce que je n'admets pas moi-même. Alors la comédie sera jouée ! Quels nigauds !!! »

A la fin de ce long monologue prononcé à mivoix, le Parisien se frotta les mains en signe de joie. Peut-être eût-il continué sa promenade, s'il ne se fût aperçu que l'heure de rentrer était arrivée.

Notons, en passant, qu'aucune des paroles de notre héros n'échappa à l'oreille attentive d'un jeune homme qui, le matin, ayant assisté à la première messe, faisait en ce moment une battue de l'autre côté de la haie, et marchait dans le même sens que lui.

L'office étant terminé depuis quelques instants, le digne homme rencontra l'hôtelier sur le seuil.

III

Entré avec le maître de la maison, il se fit servir à dîner et mangea vivement, en attendant les paysans qui, pensait-il, ne devaient pas tarder.

En effet, ceux-ci se montrèrent bientôt, marchant dans l'ordre que nous avons signalé plus haut. La maison fut bien vite remplie. Ces hommes ayant pris place autour des tables, notre héros se trouva déconcerté de voir la sienne déserte : cela ne s'accommodait nullement avec ses plans. Mais, en homme qui s'était promis la prudence, il se garda bien de laisser paraître son dépit ; tout au contraire, se rappelant la ligne de conduite qu'il avait adoptée, quelques instants auparavant, il se décida plus que jamais à employer l'astuce.

Bien qu'aux tables voisines les conversations eussent pris un tour joyeux et assez élevé, les coups d'œil furtifs, jetés à la dérobée, ne cessaient d'épier les mouvements du *Parisien*. Nos bonnes gens se faisaient un malin plaisir de le tenir ainsi à l'écart. Nous ne pouvons prévoir combien de temps aurait duré cet état de choses, si de nouveaux paysans n'étaient venus donner à la situation une face nouvelle. Comme les précédents, ces derniers se *défiaient* aussi *de lui* ; mais ils ne crurent pas devoir refuser l'invitation gracieuse qu'il leur fit de s'asseoir à sa table.

En homme habile, notre personnage paya de générosité non moins que d'amabilité. Il offrit des cigares, se chargea de solder les consommations. Bref, on fit connaissance de part et d'autre, et la conversation s'engagea. On parla agriculture, chevaux, commerce, administration locale, et mille autres sujets ; mais de politique et de religion, pas un mot. Nos paysans commençaient à croire qu'ils avaient pu se méprendre sur son compte, et se départirent un peu de leur réserve.

Le chat faisait le mort pour mieux pincer les souris.

Après s'être recueilli quelques instants, le *Parisien* prit la parole et dit d'un air enjoué :

« A propos, j'ai fait une délicieuse promenade, qui m'a procuré le plaisir de connaître votre beau pays. Du chemin de fer et de la voiture publique, on n'a qu'un aperçu général, encore très-incomplet. Selon moi, rien de tel que de voyager à pied, car on a liberté complète d'admirer les charmes de la nature, si nombreux chez vous.

Un paysan. — Vous êtes trop honnête, monsieur, de parler ainsi de notre Bretagne ; mais on en voit de mieux, ce me semble. Pour vous qui avez voyagé, vous devez lui trouver un air bien sauvage.

Le Parisien. — Non, certes. Je puis vous l'affirmer, sans crainte d'être démenti par les touristes, c'est un des plus beaux et des plus remarquables de France, par ses sites pittoresques et ses antiquités..... Mais, si je ne me trompe, la Bretagne doit encore posséder bon nombre de châteaux, à en juger, du moins, par les trois ou quatre que j'ai remarqués à droite et à gauche de la route de G...

Un paysan nommé Le Troff. — Ah! oui, les deux plus rapprochés du bourg sont de la paroisse ; celui de droite appartient à M. de C... et celui de gauche à M. de L... Quant aux autres, les seigneurs des environs en ont la propriété.

Le Parisien. — Ils ont de la fortune, *ces bons seigneurs ?...*

Le Troff. — Dame ! on le dit, je n'ai pas fouillé dans leurs poches, moi !

Le Parisien. — Sont-ils bons pour le pauvre monde ?

Le Troff. — Paraît, puisqu'ils font vivre les malheureux !

Le Parisien. — Oui... en leur faisant suer sang et eau, pour gagner un maigre salaire.

Le Troff. — Ha bien ! Ils n'auraient pas sitôt fait, s'il leur fallait entretenir une population entière dans la fainéantise!

Le Parisien. — Hum !... hum !... vous ne saisissez pas ma pensée... Nous leur demandons de faire abandon de leurs immenses propriétés, et de les répartir entre les citoyens. Voilà le principe de la charité dans toute sa perfection. »

Ce trait perfidement insinué servit à souhait son auteur. L'humaine nature est ainsi faite, que chacun se sent, pour ainsi dire, porté à envier le sort de son voisin. On se complaît à bâtir des châteaux en Espagne.

A ce sujet, nous ne ferons que rappeler la fable du vieux La Fontaine : *Perrette et le pot au lait.* L'imagination construit vite dans ces sortes d'affaires, et ne recule devant aucune difficulté ; mais arrive un faux pas : Crac ! le lait tombe ! Alors, adieu, fortune ! adieu, chères espérances ! riantes perspectives, vous n'êtes plus rien !

Il serait sévère de condamner tous les châteaux en Espagne. Il en est de bien naturels ; ceux-là sont permis : témoin celui de Perrette, et tant d'autres, qui ont pour base l'honnêteté.

Comme tout n'est point parfait ici-bas, nous en voyons d'autres, bien trop nombreux, allant directement à l'encontre du commandement divin : *« Biens d'autrui ne convoiteras pour les avoir injustement. »*

Sans s'en douter, les auditeurs du Parisien, engagés dans cette dernière voie, en étaient déjà aux joies futures. L'un se voyait gros fermier propriétaire ; l'autre, plus ambitieux, souriait à l'idée qn'il mettait à exécution le plan d'une magnifique demeure. Le reste prétendait peut-être à la députation, que sais-je ?

Le coup avait porté, le Parisien s'en aperçut et, sans perte de temps, il mit la circonstance à profit. Quel coup de filet ! En effet, la razzia était complète, sauf deux récalcitrants qui paraissaient ne pas vouloir se rendre : deux anciens du pays.

Nos lecteurs ont l'avantage de connaître Le Troff ; bientôt, ils sauront apprécier l'autre, ancien caporal, libéré du service militaire, en 1830.

Dans ces deux pauvres vieux, notre héros ne vit pas d'obstacle sérieux à surmonter. Certain désormais de la victoire, il résolut d'attaquer avec vigueur, tout en conservant quelques ménagements.

« Hélas ! reprit-il, que de malheurs nous avons à déplorer ! Une guerre sans précédents nous a ruinés, sans nous enlever, toutefois, les moyens de nous remettre. Mais nous ne le pourrons avec efficacité que lorsque la France sera complètement délivrée de ses *véritables* ennemis.

Le peuple français aura bien mérité de la patrie, le jour où il la vengera de ces traîtres, qui l'ont vendue à l'étranger, et qui, aujourd'hui plus que jamais, s'opposent à son bonheur. Oui, après cette glorieuse campagne, paysans et ouvriers, affranchis de la servitude, ne se verront plus contester le droit de devenir riches, et de prétendre aux charges et dignités.

Hé bien ! il ne tient qu'à vous de le réaliser... Le voulez-vous ?

— Oui ! oui ! crièrent les paysans surexcités.

Le Troff. — Tout cela peut être bel et bon, mais pas réalisable.

Le Parisien. — Comment, pas réalisbale ? qui donc s'opposerait aux volontés du peuple souverain ? et...

L'ancien caporal. — Qui ? l'armée, monsieur, l'armée, *mille cartouches !*

Le Parisien. — L'armée... se prononcera pour nous, et au besoin nous prêtera main-forte, pour traquer des gens qui ne méritent pas de vivre parmi nous.

Le Troff. — A qui donc voulez-vous donner la chasse ?

Le Parisien. — A qui ?... aux ennemis de la France, parbleu ! aux alliés de la Prusse, en un mot à tous les adversaires du progrès social.

Le Troff. — A la bonne heure ! maintenant on vous comprend. Il est clair que vous avez en vue les canailles républicaines, les communards et toute leur séquelle. Et nous aussi nous demandons à vous aider à taper dessus !

Le Caporal. — S'il s'agit de taper, j'en suis, mille cartouches ! vous pouvez compter sur moi. »

A ces deux réponses, le Parisien demeura bouche béante, ce qui provoqua l'hilarité générale. Mais reprenant ses esprits et furieux de cet échec à sa dignité, il riposta vivement :

« Sur l'honneur ! l'ignorance grossière et les stupides raisonnements de ces hommes portent plus à la pitié qu'à la risée. Sachant rendre à chacun le sien, je ne prends pas au sérieux ces insolences. Les plus coupables sont ceux qui ont su profiter de leur faiblesse pour les abuser lâchement. Pour moi, je me fais un devoir de conscience de les éclairer avec loyauté et sans parti pris....

Quelques paysans. — Bravo ! bravo ! enfoncés les vieux !

— Mon devoir, disais-je, est d'éclairer ceux qui sont dans la nuit...

Le Caporal. — Avec du pétrole !

Le Parisien. — N'écoutez pas ce vieux radoteur. Ces ennemis dont je vous parlais, ces accapareurs qui s'engraissent des sueurs du peuple, ne sont pas loin de vous ; peut-être possèdent-ils votre confiance : alors raison de plus pour vous avertir. Intérieurement, vous les avez nommés, ces fameux nobles.

Le Caporal. — Dis donc, Le Troff, nous y sommes, l'âne montre le bout de l'oreille !

Le Troff. — Je m'y attendais, le gars se démasque.

Ces réflexions, attirèrent à leurs auteurs une rumeur hostile de la part des paysans qui, manifestement, approuvaient l'orateur ambulant.

Le Parisien. — Laissez-les, mes amis, laissez-les pour ce qu'ils valent ; ils n'entraveront jamais la marche du progrès. Il y a trop longtemps que la lumière est cachée, le temps de la manifester....

Le Caporal. — Il a la bêtise de croire que ses mensonges donneront la lumière. Sachez donc bien qu'il n'est pas nécessaire d'avoir la science d'un recteur pour découvrir vos menées républicaines. Fameux, les républicains !

Le Parisien. — Il n'est pas question de république. En tous les cas, les républicains eussent sauvé la Patrie...

Le Caporal. — Avec un peu de bravoure et de bonne volonté : deux choses impossibles, ou à peu près ! Dites-nous qu'ils ont sauvé la caisse, pour leur service particulier, vous nous donnerez la *lumière.*

Le Parisien. — Butor, va ! »

A bout de patience, le caporal allait, selon lui, le mettre *à quia,* quand de toutes parts on cria : « Laissez-nous tranquilles ! vous viderez vos querelles ailleurs. »

Charmé de cet appui, le délégué de la rouge retrouva tant bien que mal le fil de ses idées.

« Oui, mes amis, suivez mes conseils, vous vous en trouverez bien.

Jaloux de votre prospérité, ces nobles voudraient vous asservir, vous mettre sous le joug. Pour cette raison ils soupirent après la féodalité. Persuadés qu'ils ne pourront l'avoir que par Henri V, ils font tous leurs efforts pour le ramener. Pendant la guerre, ils ont envoyé de l'argent aux Prussiens, à cet effet.

— Cependant, hasarde un jeune paysan, ils ont fait preuve de courage pendant toute cette malheureuse campagne.

Le Parisien. — Courage... courage... je ne sais trop...

Le Caporal. — C'est évident, vous n'y étiez pas !

Le Troff. — Singulier goût que le leur ! comment, dire aux gens : « Tenez, voici de l'argent, venez nous faire la guerre, mes fils et moi nous irons recevoir vos balles ! » Vous prétendez qu'ils ne se sont pas battus ; mais on les trouve partout : dans les zouaves pontificaux, les volontaires de Cathelineau, les mobiles, et dans le reste de l'armée !

Le Parisien. — Cela se comprend, ces chouans se rassemblaient.

Les Paysans. — Vive le Parisien !

Le Caporal. — Citez-nous donc des traits d'héroïsme parmi vos républicains.

Le Parisien. — Rien de plus facile : l'illustre général Garibaldi et ses volontaires...

Le Caporal. — En voilà un crâne ! vous pouvez vous en vanter : un lâche, un voleur et autre chose qui n'a jamais vu l'ennemi que de loin.

Il ne servait qu'à empocher l'argent du trop libéral Gambetta, et à forcer les troncs des églises.

Le Parisien. — Calomnies ! Dans toutes ces infamies, je retrouve l'ouvrage des nobles qui ont cru pouvoir s'excuser ainsi d'avoir voulu rétablir Henri V.

— Et quand ils auraient ramené le Roi, dit d'une voix retentissante un nouvel arrivant, votre Garibaldi en eût-il été meilleur soldat? Moi, je le tiens pour un rare gredin. »

IV

Avec votre bon plaisir, cher lecteur, nous laisserons, momentanément, le Parisien et ses adeptes, tout ahuris de cette interpellation aussi brusque qu'inattendue, pour nous occuper du personnage qui entre en scène.

C'était un beau jeune homme de vingt-trois à vingt-quatre ans. Son visage frais exprimant la franchise, sa taille élancée, ses membres déliés, ses yeux vifs et intelligents, lui donnaient un air décidé; ses longs cheveux blonds soigneusement entretenus cachaient à peine une large cicatrice que portait son front élevé.

Noble blessure, reçue dans les rangs des immortels zouaves pontificaux, à la bataille de Mentana, où son incontestable bravoure lui avait mérité l'honneur d'être fait chevalier de Saint-Sylvestre.

Il en portait fièrement les insignes, à côté de la médaille militaire française, gagnée sur les champs de bataille de la dernière guerre, où il avait encore combattu en qualité de sergent, sous les ordres de Charette.

Le nom de ce brave jeune homme ne devant pas être livré à la publicité, nous nous bornerons à son nom de baptême, Joseph. Il devait le jour à une honorable famille de propriétaires qui jouissait, à juste titre, d'un certain crédit dans la paroisse.

Ses vertueux parents l'envoyèrent, pendant plusieurs années, dans un excellent collége de la province, pour y faire son éducation. S'étant toujours montré bon élève et bon condisciple, Joseph avait conquis l'estime de tous.

Bien qu'il aimât la maison, il n'en voyait pas moins, avec plaisir, la fin de sa philosophie. Alors il pourrait mettre à exécution un projet depuis longtemps caressé : s'enrôler dans les zouaves pontificaux.

Quand il s'en ouvrit à ses parents, ceux-ci s'affligèrent d'abord à la pensée d'une si longue séparation; mais sur les instances de leur fils bien-aimé, ils firent généreusement leur sacrifice et accédèrent à ses désirs.

Un mois après, Joseph montait fièrement la garde aux portes du Vatican.

A Rome, comme au collége, il obtint, de bonne heure, l'estime de ses chefs et la confiance de ses camarades. Ce que nous avons dit précédemment suffit à la louange du brave soldat. Nous n'y reviendrons donc pas. Attaché de cœur au régiment, il le suivit en France après la spoliation sacrilége des états de l'Eglise et ne le quitta qu'au licenciement.

Depuis ce temps, il reste au foyer paternel, attendant, sans doute, le jour tant désiré du retour des volontaires, dans la cité des Pontifes romains.

Ses journées sont consciencieusement employées. Il partage son temps entre l'étude et divers travaux de jardinage; mais la chasse est son occupation, ou mieux sa récréation favorite.

C'est grâce à cette dernière que nous avons l'avantage de le rencontrer. Parti après la première messe, pour faire une partie de chasse, il s'en revenait au logis chargé de gibier, mais aussi couvert de poussière. Passant devant le *cabaret* de l'endroit, il pensa qu'une chope de bière contribuerait à le désaltérer. Cette raison, et peut-être plus encore la curiosité, le décida à entrer.

Oui, curiosité, et la plus naturelle, car vous l'avez deviné, lecteur, le jeune chasseur qui avait saisi une partie des paroles échappées au Parisien n'était autre que Joseph.

Du premier coup d'œil, Joseph vit le danger de la situation : le Parisien, maître des esprits, et les paysans, rangés sous sa bannière, ne faisaient qu'un par la communauté d'idées. Il jugea donc que, s'il n'était trop tard, il fallait promptement remédier au mal.

Quand une fois l'on a goûté les mauvaises doctrines, on revient difficilement au bien.

En effet, l'aveuglement est si grand chez certains, qu'ils ne veulent jamais se rendre à l'évidence ! — Vous leur dites : Ne suivez pas cette voie dangereuse ; les précipices y abondent. — Oh ! non, répondent-ils, vous vous trompez, ce chemin est parfait.

Et se confiant en eux-mêmes, ils vont donner tête baissée dans le gouffre qui compte une victime de plus.

Si des faits particuliers, nous remontons aux faits généraux, nous y trouvons la même chose, sauf cette différence, qu'au lieu de quelques victimes, l'on en compte des milliers. Chaque jour, on avertit ces malheureux, l'histoire en main, et d'après l'expérience, que la République cache sous des fleurs les plus cruelles déceptions, qu'infailliblement elle conduit à la guillotine ; que c'est la ruine d'üne nation ; n'importe ! on leur a parlé de République conservatrice, et les malheureux la réclament sans songer aux conséquences.

Infortunés ! vous ne vous arrêterez qu'au pied de l'échafaud.

C'est alors que le bandeau tombera de vos yeux : vous voudrez revenir sur vos pas ; mais trop tard ! Les sabres et les baïonnettes de vos prétendus amis vous pousseront, et, bon gré, mal gré, il faudra gravir le terrible escalier !

Oh ! votre aveuglement, vous le pleurerez avec des larmes de sang.....

A qui la faute?...

Ah! si nous le voulions, avec l'aide de Dieu, nous pourrions prévenir l'orage..... pour cela, nous n'aurions qu'une chose bien simple à faire : tendre, loyalement et sans réserve, la main au Prince chrétien, honnête et libéral, appelé au trône par sa naissance. Ce n'est ni un d'Orléans, ni un Bonaparte, ni un Thiers, ni un Gambetta, ce prince se nomme Henri de France. Avec Henri V, le salut, le bonheur, la gloire de la France.

En dehors de lui : la honte et l'infamie.

Mais prenez garde, ô hommes, à la république conservatrice, ses inventeurs sentent plus ou moins le pétrole!

<h2 style="text-align:center">V</h2>

Le Parisien qui, au fond, était un homme d'esprit, sut dissimuler le trouble que lui avait causé l'entrée de Joseph. Il se leva pour lui offrir un siége et quelques rafraîchissements. Joseph s'aperçut aussitôt que l'enfant de Paris voulait gagner ses bonnes grâces; il le laissa venir. En conséquence, il accepta tout ce qui lui était offert.

Pendant quelques instants, la conversation menaça de tomber; mais le Parisien, reprenant sa hardiesse, dit à Joseph :

« Vous avez été militaire, Monsieur, si j'en juge par ces signes glorieux attachés à votre boutonnière?

Joseph. — Oui, Monsieur, j'ai eu cet honneur.

Le Parisien.—Serait-il indiscret à moi de vous demander dans quel régiment vous avez servi? car ce ruban *rouge et noir* indique, je le crois, une décoration étrangère?

Joseph. — Aucunement, Monsieur, je vous satisferai avec plaisir. J'ai fait la campagne de *Mentana* en qualité de zouave pontifical, et j'ai pris part aux principales actions de la dernière guerre, dans l'armée de la Loire, comme sergent au même régiment.

Le Parisien. — Vous êtes un brave, recevez mes félicitations.

Joseph. — Grâce à Dieu, je crois m'être toujours comporté en soldat.

L'ancien caporal. — Dis donc, sergent, est-ce que tes officiers et tous tes camarades ne voulaient pas ramener Henri V, et n'ont pas à cet effet envoyé de l'argent aux Prussiens?

Cette allusion, à ce qu'il avait affirmé précédemment, sembla déconcerter le Parisien qui, par malheur, n'était pas né brave.

Joseph. — C'est une mauvaise plaisanterie de votre part, vieux caporal, vous savez fort bien que tel n'était pas notre but. Chasser l'étranger du sol français ou mourir, voilà où nous tendions. Quant à restaurer la royauté, nous l'eussions fait de grand cœur, si la nation l'avait demandé.

Le caporal. — Du tout, je ne plaisante pas, car le Parisien, ici présent, ne cesse de nous le rabâcher depuis plus de deux heures.

Le Parisien. — Mais nullement... vous faites erreur... je crois... je...

Le caporal. — Par exemple ! en voilà une forte ! avoir le toupet de renoncer ; il faut être diablement menteur !

—Ne l'avez-vous pas entendu, vous autres? Les paysans ainsi interpellés gardèrent le silence.

Le Parisien. — Voyez l'inconvénient de s'adresser à des gens incapables de comprendre...

Le caporal. — Triple fourbe, va !

Joseph. — Enfin, expliquez-vous, Monsieur ; puisque vous mettez les zouaves pontificaux en cause, vous en trouverez un pour vous répondre.

Le Parisien. — Volontiers. Cette explication, entre nous aura, du moins, l'avantage d'enlever à la malveillance tout sujet d'interprétation fausse.

Cette pointe, si pointe il y a, fut accompagnée d'un froncement de sourcils à destination du vieux caporal. Celui - ci, qui fumait consciencieusement sa vieille pipe, n'en ressentit aucun trouble.

Joseph. — Quand il vous plaira de commencer, je vous écoute?

Le Parisien. — D'abord, je dois protester contre les paroles qu'on m'impute : mes assertions sur les zouaves du Pape et les volontaires de Cathelineau ne sont pas générales, mais particulières, elles ne concernent que la noblesse, et je les maintiens.

Joseph. — Je comprends la manœuvre ; vous vous servez d'un faux-fuyant pour maintenir vos

sottises. Tenez, laissez-moi vous le dire, vos fi-
nesses sont cousues avec de la corde. Votre but,
en venant chez nous, est de pervertir les populations. Aujourd'hui vous critiquez les nobles,
demain ce sera le tour des prêtres et de la religion. Heureux d'un si beau succès, vous en
viendrez à exalter la Commune, n'est-ce pas?

Le caporal. — Bien touché!

Le Parisien. — Votre jugement est au moins
prématuré!

Joseph. — Comment expliquer, autrement,
votre rage contre les nobles? Moi qui les ai vus
de près, au régiment et ailleurs, je ne puis ad-
mettre vos sornettes. En définitive, que leur
reprochez-vous?

Le Parisien. — D'avoir fait venir les Prussiens
et livré la France.

Joseph. — Vous avez, sans aucun doute, des
preuves de ce que vous avancez? Exhibez-les; si
elles sont irrécusables, je me rends.

Le Parisien. — Des preuves... des preuves...
certainement, rien de plus facile...

Joseph. — Donnez, Monsieur, donnez!

Le caporal. — Oui, montrez-les!

Le Parisien. — La nation entière est unanime
sur ce point... demandez plutôt à ces braves gens.

Des paysans. — Dame! c'est vous qui nous l'a-
vez dit; le bruit en a couru pendant la guerre,
mais nous n'en étions point sûrs.

Le Parisien. — Si quelques preuves affirmatives
manquent, les preuves négatives font également
défaut.

Joseph. — Où étiez-vous donc, pendant la guerre, pour n'avoir pas vu les nobles se lever en masse, afin de repousser l'invasion ou de se faire tuer les armes à la main?

Le Parisien. — Le beau mérite ! après le décret de la levée en masse, bon gré, mal gré, il fallait marcher !

Joseph. — La loi n'atteignait pas les hommes mariés, avec enfants, et pourtant nous avons vu dans nos rangs bon nombre de pères de famille qui quittaient tout pour la patrie. Bien plus, des jeunes gens de quinze ans jusqu'à vingt interrompaient leurs études pour prendre le chassepot.

Chez vous, cet exemple était-il aussi commun? non ; vous preniez trop de soin de vos précieuses personnes, vous les réserviez pour un autre moment.

Le salut de la République devait passer avant celui de la France.

Le Parisien. — Alors, selon vous, nous n'avons rien fait?

Joseph. — Si ! vous avez tiré des coups de fusil sur l'armée de Versailles.

Le Parisien. — Si les réactionnaires n'entravaient pas la marche de la République, la France redeviendrait plus florissante que jamais.

Joseph. — Vous éludez la réponse, pour vous jeter à corps perdu dans l'idéal républicain. A qui, s'il vous plaît, attribuez-vous le nom de réactionnaires ?

Le Parisien. — Aux nobles, Monsieur, aux nobles, puisqu'il faut vous les nommer.

Joseph. — Vous voudrez bien, je présume, nous dire en quoi ils ont mérité cette dénomination.

Le Parisien. — Déjà, je vous ai signalé leurs intentions...

Joseph. — Encore ! Mais à quoi bon, puisque vous ne pouvez fournir de preuves sensées ? Voyons cependant jusqu'où peut aller votre faconde ! Donc vous revenez sur vos affirmations ?

Le Parisien. — Oui, je le répète, ils ont fourni de l'argent aux Prussiens ; qui dans des poulets, qui dans des comestibles de différentes sortes...

Joseph. — Vous avez la prétention d'être un homme d'esprit ?

Le Parisien. — Sans doute.

Joseph. — Eh bien ! un homme d'esprit n'a jamais cru ni ne croira jamais de semblables choses. Vous même n'ajoutez pas foi à ce que vous avancez. Si vous persistiez à le soutenir, je vous remettrais en mémoire ce que vous disiez sur la route de G... Placé derrière la haie, j'ai tout entendu... vous comprenez ?

Il n'y aurait que vous, je me contenterais de garder un silence dédaigneux ; mais en présence de ces hommes que vous trompez, il est de mon devoir de démasquer vos coupables projets.

Le Parisien. — L'imposture sera de votre côté. Ne le croyez pas, bonnes gens, c'est un réac !

Joseph. — Nous verrons qui de nous deux est le plus digne de foi. Quant à moi, je ne crains rien: on me connaît, et chacun estime ma franchise.

Quelques paysans. — Oui ! oui !

Joseph. —Vous prétendez que les Prussiens ont reçu de l'argent des nobles ? à quel moment ?

Le Parisien. — Avant et pendant la guerre ; les deux.

Joseph. — La calomnie, cette arme dangereuse dont vous aimez à vous servir, s'émoussera, cette fois encore, contre la vérité. Ce ne sont pas nos ennemis qui ont déclaré la guerre ; le triste honneur en revient à Bonaparte, et cela, pour un motif plus ou moins avoué.

Le Parisien. — Oui, Bonaparte, poussé par la noblesse.

Joseph. — En vérité ! c'est trop fort. Comment vous tirerez-vous de là ? La plus grande partie des nobles était hostile à Napoléon et n'allait jamais à la cour ; d'ailleurs quelle influence auraient-ils pu exercer sur lui, qui les savait ses ennemis. De plus, quel avantage en auraient-ils retiré ? Je ne vois pas qu'ils aient été plus épargnés que les autres ; au contraire, leurs châteaux sont devenus la proie des féroces Allemands. Ce n'est pas de la sorte qu'on traite des amis.

Votre système calomniateur vous conduira si loin que, dans quelque temps, vous rejetterez sur eux votre 4 Septembre et votre Commune.

Sous l'empire, la police était trop bien organisée, pour laisser passer une pareille infamie ; tôt ou tard les coupables eussent été pris et livrés à la vindicte publique.

Pendant la guerre, la chose était également impossible ; nécessairement il fallait arriver aux avant-postes français pour s'entendre avec l'ennemi et lui remettre ces dons. Croyez-vous que nos soldats n'auraient pas fait bonne justice de tout cela ? Pas si bêtes ! Ils se seraient adjugé argent et poulets, etc..., sans s'occuper du reste. »

Visiblement piqué, le Parisien répondit :

« Nos opinions diffèrent...

Joseph. — Comme nos façons d'agir. Mais j'en appelle à tous ceux qui m'écoutent ; ce que je viens de dire, n'est-ce pas raisonnable ?

Les Paysans. — Oui ! oui ! C'est juste. — On ne nous avait pas dit cela.

Le Parisien. — Ils sont trop bornés pour saisir un raisonnement quelconque. Mais vous, expliquez-moi donc l'agglomération des soldats royalistes sous les ordres de Charette et de Cathelineau ?

Joseph. — Ces chefs, qui prenaient pour devise : Dieu et Patrie, étaient connus pour leur patriotisme et leur bravoure ; alors chacun s'est empressé de suivre leur bannière. Vous devez, vous, comme tout bon Français, rendre justice à ces hommes de cœur : en présence de l'ennemi, ils ont toujours tenu bon. Quant à préparer le retour d'Henri V, c'est une supposition absurde, laborieusement produite par les hommes *des nouvelles couches sociales.*

Le Parisien. — Vous êtes libre dans vos opinions, moi dans les miennes.

Joseph. — Je ne prétends pas vous faire violence ; car il n'y a si pire sourd que celui qui ne veut pas entendre. Aussi, prenant la parole, n'ai-je d'autre but que de relever vos mensonges.

Je me suis promis de ne jamais laisser mes concitoyens dans l'erreur, quand je pourrais leur venir en aide. Tout bon Français, tout homme de cœur doit faire de même.

Pensez-vous que pousser des populations entières dans l'abîme révolutionnaire soit l'œuvre d'un bon Français ?

Vous vous efforcez de leur inculquer vos doctrines perverses et, convaincu qu'il en restera quelque chose, vous leur dites : Croyez-moi, le crime, le vol et l'incendie sont des vertus civiques.

Et moi, je leur dis : Si vous agissez de la sorte, vous vous rendrez coupables d'iniquités, et la justice humaine et la justice divine tour à tour vous réserveront leurs châtiments. L'une vous flétrira et vous arrachera de la société des honnêtes gens, pour vous installer sur les *pontons*, où vous subirez le sort des communards vos devanciers.

L'autre, si elle ne punit pas toujours ici-bas, c'est qu'elle sera plus terrible dans l'autre vie. Le juge suprême, ce divin soleil de justice, saura faire la part de chacun...

C'est uniquement dans le but d'éviter ces malheurs irréparables, que je veux engager le combat avec vous. Je suis peiné et surpris de remarquer la créance que l'on apporte à vos paroles. Le moyen, s'il vous plaît, d'errer sur ce sujet, quand on a vu la noblesse se dévouer au salut commun, en faisant répandre le plus pur de son sang, dans de meurtriers combats ? Depuis quinze ans jusqu'à soixante, tous ont fait généreusement le sacrifice de leur vie.

En vérité, vous les supposez donc bien insensés ! Quoi ! des riches, habitués à toutes les douceurs, se seraient de gaîté de cœur exposés aux balles ennemies, auraient affronté les rigueurs de l'hiver, uniquement dans le but de se faire décimer par les Allemands leurs *soudoyés ?* Quelle bêtise !!!

Vous tous qui m'écoutez, je suis intimement persuadé que, désormais, vous accueillerez comme ils le méritent ceux qui tenteront de vous faire avaler de pareilles couleuvres.

Les paysans. — C'est lui qui nous disait tout cela.

Joseph. — Il n'en croit pas un seul mot !

Le Parisien. — Je parle comme je pense.

Joseph. — Vous protesteriez toute votre vie, jamais je ne vous suivrais si vous ne me donniez des preuves à l'appui. Ah ! si vous me disiez : Ce sont les républicains qui ont à se reprocher la lâcheté et la trahison, je me rangerais sans peine à votre avis ; en effet ils ne se sont pas prodigués au moment du danger, et leurs F∴ les Prussiens n'ont pas eu beaucoup à souffrir de leurs balles.

La non-culpabilité des nobles étant suffisamment démontrée, attaquons maintenant ce sujet qui échauffe si fort votre bile.

Qu'avez-vous à reprocher à Henri V ?

Le Parisien. — Son obstination à vouloir le malheur de la nation.

Joseph. — Si je vous comprends bien, vous entendez, par le mot *nation*, le parti *révolutionnaire*, le vôtre ?

Le caporal. — Impossible de mieux tomber; ils veulent garnir leurs poches aux dépens des *réactionnaires*, sous le prétexte qu'ils ne sont pas de la *nation*. Les patauds !

Le Parisien. — Vieux bavard ! vieille croûte... je dédaigne de vous répondre...

Le caporal. — Tout bellement, gamin, ou si je m'en mêle, je te frotte les oreilles d'une jolie manière !

— Quant à vous, dit le Parisien à Joseph, vous interprétez mes intentions à votre guise. Nous reprochons à votre prince d'être en retard de plusieurs siècles ; il ne connaît rien aux idées actuelles. A nous, peuple souverain, il faut l'émancipation et la liberté dans toute sa plénitude. L'incompatibilité la plus grande existe entre le progrès social et la féodalité.

Joseph. — Je ne nierai pas votre habileté à débiter les grandes phrases; mais je ne puis y voir autre chose qu'un piége très-grossier, et plus grossièrement tendu encore. Vous n'honorez pas votre siècle, en le faisant ennemi de l'honnêteté.

Remarquez-le bien, personne ne s'y trompe; car, au dire de tous, Henri V est le prince honnête et loyal par excellence. Ces qualités vous le rendent insupportable; je le conçois. Vous parlez d'émancipation : ce mot se traduit dans votre pensée, par liberté complète de piller, voler, brûler et assassiner les honnêtes gens. Croyez-vous qu'un ouvrier honnête et rangé et un paysan économe qui auront amassé, à la sueur de leur front, un petit pécule pour assurer le repos de leurs vieux jours, vous laisseront prendre tout impunément? Ils vous donneront de l'émancipation à coups de fusil, et bien ils feront.

Les droits civiques? tout Français peut les exercer par le suffrage universel ; le Roi ne veut pas vous l'enlever, tout au contraire.

Le Parisien. — Nous rejetons les ennemis du progrès social, les partisans de la féodalité.

Joseph. — Si vous appelez progrès social, les *idées communistes* ; oui, il les déteste, et en cela, il est appuyé par l'immense majorité des Français.

La féodalité est une vieille rengaine exploitée par vos trop illustres *amis* ; si la bonne foi vous guidait, vous ne tiendriez pas ce langage. D'ailleurs le prince que vous salissez, ou que du moins vous essayez de salir, ne redoute pas d'exposer ses idées au grand jour.

Le Parisien. — Je constate des faits.

Joseph. — Et moi, je constate que vous êtes un lâche et un menteur : vous disiez sur la route de G... « *Henri V est pourtant un brave homme, s'il voulait me payer, je le servirais avec plus de plaisir que la rouge.* »

Le Parisien. — Inventez ! Inventez !

Joseph. — Mauvaise défense! Mais pour achever de désabuser vos *dupes*, je vais vous mettre sous les yeux la conduite passée et présente de notre roi. »

Depuis quelque temps déjà, le Parisien avait un peu laissé sa pose de triomphateur: les succès de Joseph devenaient évidents ; aussi ne voyait-il pas, sans un profond sentiment de rage, l'attitude des paysans qui, presque tous, lui avaient fait défection.

VI

Il se fit un moment de silence, pendant lequel notre jeune zouave feuilletait une petite brochure, recueil des principales lettres de Mgr le comte de Chambord.

Le caporal lançait des regards triomphants sur l'assistance et particulièrement sur le communard, qui rongeait son frein.

Joseph, se souvenant qu'il faut battre le fer tandis qu'il est chaud, reprit : « Vous reprochez donc à Henri V ?...

Le Parisien. — Tout !

Joseph. — Vous ne manquez pas de toupet; mais pour nous convaincre, il nous faut des faits. Votre répertoire doit en être garni, donnez-les nous, nous les examinerons ensemble.

Le Parisien. — Je ne sache pas que j'aie besoin de subir un interrogatoire ?

Joseph. — De mieux en mieux ! Toutefois, vous

me permettrez de vous faire remarquer que votre réponse ressemble beaucoup à celle d'un homme fort mal pris... Vous avez accepté le combat, je crois votre honneur engagé...

Le Parisien. — Du tout !

Joseph. — Puisque vous rétrogradez, vous vous considérez comme battu. Très-bien !

Le Parisien. — Nullement, je suis libre...

Joseph. — La gloire du parti républicain en souffrira, voilà tout. Au fait, ce n'est pas tant la gloire que l'exploitation des places qu'ils cherchent.

Le caporal. — Quand on connaît un de ces *gars-là,* on connaît les autres. »

Chancelant sur ses arçons, notre républicain d'occasion, protesta hautement dans cette circonstance. L'ancien caporal eut même à essuyer plus d'une de ses ruades. Heureusement pour lui, il avait la riposte bonne, ce qui lui fut d'un grand avantage dans ce tournoi à coups de langues.

Les esprits s'échauffant, l'on en vint aux menaces ; des menaces on aurait passé aux effets, si Joseph n'avait opposé son intervention.

« Au nom de la liberté que vous prônez, dit-il à *l'homme de la rouge,* vous m'accorderez bien la parole ? Le parti que je défends ne redoutant pas le contrôle, je vous laisse en demeure de me faire des objections (mais *sensées*), je tâcherai d'y répondre.

Ceci posé, je commence :

Vous le savez tous, mes amis, la duplicité et

le mensonge n'entrent pas dans mes habitudes. Sous les drapeaux et au pays, je crois m'être comporté toujours avec loyauté ; du moins, ma conscience ne me reproche rien. Pour le prouver, il me suffira de citer la confiance et l'estime que beaucoup d'entre vous me témoignent. Or, aujourd'hui moins que jamais, je ne voudrais vous tromper. Un étranger prétend faire de vous des *dupes*, des nigauds, comme il le dit, il est donc de mon devoir de vous avertir. »

Un formidable juron, suivi d'un *non* catégorique, exprima la réponse du Parisien.

Joseph. — Avant de vous démontrer le but de cet homme, je veux réfuter une à une toutes ses allégations.

Inutile de revenir sur le chapitre de la noblesse, vous savez ce qu'il en est. Considérez leur héroïque conduite pendant la guerre, et vous serez convaincus. S'ils avaient cherché le retour de Henri V. ils auraient pu le rétablir sur son trône au lendemain de nos désastres, et la France l'eût acclamé par des applaudissements frénétiques.

Ah ! avec lui, nous n'aurions jamais payé cinq milliards. Le seul nom de *Bourbon* en eût imposé au vandale Prussien.

Le Parisien. — Mais vous en faites un saint ?

Joseph. — Je lui rends justice : il vaut mieux que vous et vos amis les Thiers, les Gambetta, les Challemel-Fusillard et tous ceux qui leur ressemblent de près ou de loin.

Je vous mets au défi de m'énumérer les efforts qu'il a faits pour rentrer en possession du trône de ses pères !

Sur ce nouveau terrain, je vous attends, Monsieur, ainsi que tous vos amis de la République.

Depuis le jour où, tout petit enfant, il a été forcé de céder à l'infâme trahison de Louis-Philippe, il n'a pas cessé de se tenir constamment à l'écart, afin d'éviter les conflits que son nom aurait pu éveiller.

Jamais, il n'a consenti à devenir un sujet de discorde. Lui-même le dit, il avait le cœur trop français pour souffrir l'effusion du sang.

Qu'a-t-il fait? Il a enduré chrétiennement et avec confiance son exil immérité, à l'amertume duquel est venu s'ajouter la perte de presque tous les siens.

Ces longues années, passées loin de sa chère patrie, n'ont pas été perdues pour lui. Il les a consacrées à l'étude : l'art militaire n'a pas de secrets pour lui, l'ayant étudié sous la direction de braves et habiles généraux, amis de sa famille! La magistrature! il la connaît à fond. Quant à l'administration gouvernementale, il en fait ses occupations quotidiennes. Les classes ouvrières sont l'objet de ses soins particuliers; il prépare les plans les mieux conçus pour l'amélioration de leur sort. Les hommes des champs ont aussi part à sa sollicitude.

« L'agriculture, le commerce et l'industrie, dit-il, sont les ressources indispensables d'une nation. »

A l'exposition de Vienne, ne vient-il pas de donner un exemple de l'intérêt qu'il porte au développement de notre industrie, en s'entretenant familièrement avec les exposants et les ouvriers français ? Pour tous il avait des encouragements à donner.

Ses interlocuteurs étaient si émerveillés de ses connaissances, de son esprit et de la bonté de son cœur, que tous s'empressaient autour de lui, avec les marques du plus profond respect.

Et cependant, il se trouvait là des rouges.

Mais les rouges, comme les autres, disaient, après le départ du prince : « Quoi ! c'est là Henri V, si décrié par les journaux? Comme il est loin de ressembler aux peintures que l'on nous en faisait ! »

« Oh ! non, ce n'est pas un ennemi du peuple ! »

Dans ses lettres à ses amis, il a toujours ouvertement déclaré ses droits à la couronne : « Je suis le roi de France. En dehors du principe héréditaire, qu'avez-vous? l'anarchie, le brigandage, le vol et le reste; tandis qu'à la mort du roi légitime, on crie : Le roi est mort, vive le Roi ! »

En effet les interrègnes sont dangereux chez nous; nous en avons de tristes exemples. Le pétrole règne en souverain; n'est-ce pas, Monsieur?

Le Parisien. — Je ne connais pas d'autre pétroleur que vous !

Joseph. — Ne m'attribuez pas vos qualités; mon passé n'est pas caché, tandis que le vôtre... Maintenant écoutez ce que dit notre Roi :

« Dieu, en me faisant naître, m'a imposé de grands devoirs envers la France ; je ne les oublierai jamais. Quand il m'appellera à les remplir, je serai prêt sans orgueil et sans faiblesse.»

(Janvier 1844.)

Et : «Un jour viendra... où tous les hommes sincères de tous les partis.... se réuniront de bonne foi sur le terrain des principes monarchiques et *des libertés nationales*, pour servir et défendre notre commune patrie. »

(Mars 1844.)

Encore : « Je comprends combien il m'est nécessaire de connaître la vérité, et je l'accueillerai toujours avec empressement... mais je regarde comme un devoir de repousser avec fermeté tout ce qui paraît porter l'empreinte de la *passion* et avoir le caractère de l'injustice...

« Partout où j'ai eu le bonheur de rencontrer des Français, je les ai toujours accueillis avec empressement, sans distinction de *rangs, de classes, de conditions*, ni même *d'opinions*.

«Ce sont là, grâce à Dieu, *des faits notoires qu'il ne sera pas facile d'obscurcir*. Je l'ai dit et je le répète : *Si jamais la Providence m'ouvre les portes de la France, je ne veux pas être le roi d'une classe ni d'un parti, mais le roi de tous. Le mérite et les services rendus seront les seules distinctions à mes yeux.*»

(Août 1844.)

= Quoi ! mes amis, sont-ce là les paroles d'un

ennemi de la France, d'un homme qui veut nous redonner la dîme et la féodalité? Répondez, le croyez-vous?

Les Paysans. — Non! non! — Est-ce bien vrai?

Joseph. — Rien de plus vrai; tous ceux qui ont vu le prince vous l'attesteront. Pour moi, je puis vous l'affirmer, car, après notre victoire de Mentana sur les Garibaldiens et les Piémontais, ayant obtenu un petit congé de convalescence, je me rendis, avec quelques-uns de mes amis, à Venise, où nous sollicitâmes une audience de Mgr le comte de Chambord. Il eut la bonté de nous recevoir, et nous dit, dans la conversation, qù'il ne voulait pas être le roi d'une caste, mais le père de tous, ainsi que vous l'avez entendu lire.

Ce qu'il a daigné faire pour mes amis et pour moi, il le renouvelle chaque jour pour tous ceux qui sollicitent l'honneur d'être admis en sa présence. Il montre pour tous la même bonté; petits et grands, riches et pauvres peuvent aller vers lui. Il ne regarde pas aux opinions politiques : le seul titre de Français suffit.

Henri V nous demanda quel était notre pays; chacun de nous le lui dit, car nous étions de différentes contrées de la France. Et son cœur paternel sut trouver des accents bienveillants pour nos pays respectifs. Ce qui se passe chez nous depuis des années ne lui est pas indifférent : il s'intéresse d'une manière spéciale à la prospérité de la nation.

Au bout de quelques instants, nous voulûmes

nous retirer, mais sur ses instances, nous prolongeâmes notre visite. — « Restez encore, nous dit-il, je suis si heureux quand j'ai le plaisir de m'entretenir avec des Français, des concitoyens. Plus heureux que moi, vous pouvez vivre sur le sol de la patrie ! Comme j'envie votre bonheur ! »

— Mais continuons de puiser dans ses correspondances, vous verrez comme il parle à cœur ouvert.

— « Je regarde comme un devoir, dit-il, d'étudier dès à présent ce qui se rattache à l'organisation du travail et à l'*amélioration du sort des classes laborieuses.*

« Jamais je n'oublierai que le grand roi Henri IV, mon aïeul, a laissé à tous ses descendants l'exemple et le devoir *d'aimer le peuple.* »

Joseph. — Hé ! monsieur le parleur, tout ceci ne semble pas de votre goût !

Le Parisien. — Couleurs ! pures couleurs !

Joseph. — Monsieur préfère les belles phrases du citoyen Gambetta et Cⁱᵉ, libre à lui.

Pourtant, chez vos amis, ce ne sont plus des couleurs, mais d'horribles *croûtes.* L'habitude que vous avez contractée de vous laisser pincer vous porte...

Le Parisien. — Vos appréciations ne me font aucun effet.

Le caporal. — Que si ! gars !

Joseph. — Le temps étant trop précieux pour le passer dans de stériles discussions, je poursuis :

« Combien je sais gré à mes amis d'avoir répondu avec tant d'empressement à mon appel, en faveur des *classes indigentes*. *Assister des Français qui souffrent, c'est me servir !* »

— Pour l'intelligence de ce passage, tiré d'une des lettres de Henri V, je pense devoir vous dire à quel sujet ces lignes furent écrites. Le voici en peu de mots:

A la fin d'octobre 1846, le froid s'étant fait intense, la saison d'hiver menaçait de devenir rigoureuse. Aux rigueurs probables de l'hiver, s'ajoutait une cherté considérable de vivres : une famine devenait imminente. Le cœur sensible de Henri V pressentit à quelles extrémités seraient réduites de nombreuses familles peu fortunées. Pour y remédier, dans la mesure de ses forces, il consacra les sommes dont il pouvait disposer à établir, à Chambord et dans les forêts que Louis-Philippe lui avait fait la gracieuseté de ne pas lui voler, des ateliers de charité, afin d'offrir aux pauvres de ces contrées un travail assuré pendant l'hiver, travail qui devait leur fournir les moyens de pourvoir à leurs besoins et à ceux de leurs familles.

Ce qui eut lieu.

Il remercie ses amis d'avoir su comprendre ses sentiments et de lui avoir aidé dans cette œuvre charitable. — Cette conduite n'est-elle pas digne d'un roi ?

Chassé de France par la Révolution et un traître, Henri de Bourbon n'avait aucune obligation envers les pauvres d'une nation ingrate.

Les Paysans. — C'est vrai, dame ! — Vive Henri V ! — Vive le Roi ! — Vive le Roi ! le vrai !

— En finirez-vous ? s'écria le Parisien, d'un ton bourru.

Joseph. — Voici autre chose :

« ... C'est à nous, en faisant le bien, de prouver à la France et principalement aux classes laborieuses, *de quel côté sont leurs vrais amis et les défenseurs de leurs intérêts.* »

Précisément, ces lignes viennent à merveille pour la circonstance. Républicains, vous vous prétendez amis du peuple, où sont vos œuvres ? On ne vit pas seulement de paroles. Henri de France se dit aussi l'ami du peuple, mais à bon droit, puisque ses actions le prouvent.

Le Parisien. — Nous aussi, nous venons en aide à la misère.

Joseph. — Connu ! votre charité consiste à soutenir les grèves. Cet argent aussi vite dépensé que reçu ne profite guère à la famille. Au lieu de soulager la mère et les enfants grelottant de froid, et en proie à cette horrible maladie que l'on appelle *la faim,* vous ne contribuez qu'à développer chez le mari la passion brutale de l'ivrognerie, en même temps que vous le dégoûtez du travail.

Et vous croyez rendre service à l'humanité ? merci ! Vous *révolutionnez* pour *exploiter.*

Quand arrive le moment de l'action, les chefs du parti, imitant le lion de la fable, s'emparent de tout le butin, et s'en vont faire les grands seigneurs en Angleterre et en Suisse, tandis que les pauvres benêts, qui se sont laissés séduire, se voient forcés d'aller manger la ration du gouvernement dans la Nouvelle-Calédonie. »

Inutile d'ajouter que le Parisien ne sut trouver de réponse à cette tirade. Il balbutia quelques phrases incohérentes, mais ce fut tout. Comment nier des faits notoires ?

Feignant de ne pas voir la mine piteuse de notre héros, Joseph continua sa lecture :

« Il n'y a dans mon âme d'amertume contre personne. Ce que je veux, seulement, c'est le *salut*, c'est le *bonheur*, c'est la gloire de la France ; et *il n'y a pas de sacrifices que je ne sois prêt à m'imposer* pour atteindre ce but et remplir cette noble mission. »

(Juin 1848.)

« Mes devoirs envers la France seront toujours la règle essentielle de ma conduite. Le plus beau jour de ma vie sera celui où je verrai tous les Français rapprochés par les liens d'une fraternité véritable, et la famille royale, réunie à son chef, dans les mêmes sentiments de respect pour tous les droits, de fidélité à tous les devoirs, d'amour et de dévoûment pour la Patrie.

« Tous les événements passés disparaissent pour moi, en présence des hauts intérêts de la France, qu'il s'agit de sauver au bord d'un abîme effroyable...

Je reconnais les intérêts nouveaux qui, de toutes parts, se sont créés en France, et le rang social que se sont légitimement acquis l'intelligence et la capacité...

Exempt de préjugés, loin de me renfermer dans un esprit étroit *d'exclusion, je m'efforcerai de faire concourir tous les talents, tous les caractères élevés,* toutes les forces intellectuelles *de tous les Français,* à la *prospérité* et *à la gloire* de la France. »   (5 octobre 1848.)

— Vous l'avouerez tous avec moi, ces accents royaux se passent de commentaire. L'âme du prince se reflète dans ses écrits. Non, son ambition n'est pas en jeu ; ce qu'il désire avant tout, c'est le salut de la France, lequel ne peut avoir lieu que par la monarchie légitime. Si je n'étais pressé par l'heure, je vous lirais cette brochure dans son entier ; mais ceux qui la voudraient, je la tiens à leur disposition.

Encore une ou deux citations et j'ai terminé :

« L'état présent des affaires et des esprits et la marche des événements font pressentir de nouvelles crises. Elles me trouveront toujours prêt à me dévouer tout entier, avec l'aide de Dieu, à l'accomplissement des devoirs que m'imposent les droits de ma naissance. Mais ces droits, je ne les *ferai jamais valoir que dans l'intérêt de ma patrie,* et pour la sauver des déchirements et des périls extrêmes dont elle est menacée. Car mon règne ne saurait être la ressource ou l'œuvre d'une intrigue.   (15 janvier 1849.)

« Toujours, je me suis constamment efforcé de

prouver par mes paroles comme par ma conduite que si la Providence m'appelle à régner un jour, *je ne serai pas le Roi d'une seule classe, mais le Roi ou plutôt le Père de tous.* »

(22 décembre 1850.)

Exclusion de tout arbitraire; le règne et le respect des lois; l'honnêteté et le droit partout; le pays sincèrement représenté, votant l'impôt et concourant à la confection des lois; les dépenses sincèrement contrôlées; la propriété, la liberté individuelle et religieuse inviolables et sacrées; le libre accès pour tous aux honneurs et avantages sociaux: telles sont à mes yeux les véritables garanties d'un bon gouvernement. »

(12 mars 1856.)

— Maintenant que vous connaissez le passé de notre Roi, et ses intentions, que vous le savez tout autre que cet homme vous l'avait dépeint, je veux vous dire quelques mots sur son présent.

Je lis toujours :

« Je suis heureux que nos amis aient si bien compris leurs devoirs de citoyens et de Français. Oui, avant tout, il faut repousser l'invasion, sauver à tout prix l'honneur de la France, l'intégrité de son territoire.

« *Nous devons au salut de notre pays toute notre énergie, notre fortune, notre rang.*

« *Mon Dieu, sauvez la France, dussé-je mourir sans la revoir !* »

(1er septembre 1870.)

« Ce sont les classes laborieuses, ces ouvriers des champs et des villes, dont le sort a fait l'objet de mes plus vives préoccupations et de mes plus chères études, qui ont le plus souffert du désordre social. »   (5 juillet 1871.)

VII

Pendant toutes ces citations qui, paraît-il, ne le servaient pas à son gré, l'apôtre républicain n'avait pas ouvert la bouche; appuyé sur la table, il se contentait de hausser les épaules et de promener, sur l'assemblée, ses yeux fauves.

Joseph avait cessé de lire et le plus grand silence régnait dans le *cabaret*. Il en profita pour s'adresser, de nouveau, à ses auditeurs, encore sous le charme que leur avait produit la lecture bien abrégée des intentions du Comte de Chambord.

— Je n'ajouterai que quelques réflexions, mes amis ; d'ailleurs, je vous l'ai dit, ces nobles paroles n'ont pas besoin d'être commentées. Vous savez maintenant à quoi vous en tenir. J'aime à le croire, vous ne jugerez plus Henri V comme vous le faisiez naguères, trompés par les discours mielleux des ennemis de l'ordre. Désormais, vous ne craindrez plus d'affirmer que le prince est le plus honnête et le plus loyal des hommes. Ce qu'il est, ce qu'il sera, il le dit sans détours.

Ses ennemis eux-mêmes, contraints de reconnaître sa sincérité, enragent. Ils le voudraient mauvais; alors ils pourraient triompher. Mais, ils ont beau faire, ce triomphe qu'ils cherchent, si jamais ils le rencontrent, ne demeurera pas longtemps en leur possession.

On vous a répété sur tous les tons que les nobles et Henri V voulaient vous asservir, faire de vous des esclaves et vous priver de vos droits civiques : tout cet échafaudage mensonger ne peut se maintenir par défaut de base; aujourd'hui vous l'avez vu crouler, demain il sera rebâti pour retomber encore.

Vous avez trop d'esprit, pour avaler dorénavant les *couleuvres rouges.*

Quels sont vos véritables ennemis ? Moi, je vais vous les nommer. Vos ennemis jurés, ceux qui veulent vous mettre sous le joug, ce sont ces hommes, ces fauteurs de révolutions, ces fainéants qui n'ont pas le courage de travailler et voudraient quand même vivre dans l'aisance.

Pour eux, la fin justifie les moyens. Toutes leurs aspirations tendent au bouleversement de la société, afin de patauger librement en eau trouble. Trop faibles par eux-mêmes, et surtout trop lâches, pour oser entreprendre ce hardi coup de main, ils expédient dans nos campagnes et dans les villes des agents de l'espèce de celui que vous avez devant vous.

Volontiers, ils promettront tout ce que vous voudrez et même plus, s'il le faut.

Que leur importe! Les parts sont faites d'avance, mais à leur profit. Oui, mes amis, ces enjôleurs et leurs dignes compères vous trompent : leur métier consiste à faire des *dupes*, qu'ils renieront au jour du danger. Car, remarquez-le bien, ils vous pousseront à la rébellion, au meurtre et à l'incendie, et tandis que vous recevrez les balles et *tirerez les marrons du feu*, ces grands républicains s'en saisiront, en vous criant :

« Courage ! citoyens, l'œuvre progresse ; bientôt nous serons les maîtres. Vive la République *une et indivisible !* En avant ! en avant ! »

En effet : en avant ! ils se sauveront prestement en emportant le magot, et la république une et indivisible aura, cette fois encore, la douleur de se voir sans tête !

O république ! ô républicains !

Le Parisien. — Si vous n'êtes pas un lâche, vous me rendrez raison ! un de nous deux devra rester sur le terrain. Je vous laisse le choix des armes.

Joseph. — Citoyen ! je vous engage à modérer votre ardeur.

En face de l'ennemi, j'ai prouvé que je n'avais pas peur ; mais de ce que je ne suis pas un lâche, il ne s'ensuit pas qu'il y ait obligation de ma part à échanger une balle avec vous. Je le déclare formellement : d'abord je suis catholique, comme tel, je ne puis accepter votre duel ; en second lieu, je me déshonorerais aux yeux des honnêtes gens, si je me mesurais avec un homme dont les doctrines et la règle de conduite ont été, comme le dit Monsieur Louis Veuillot, écrites avec une allumette trempée dans le pétrole.

Les yeux injectés de sang, la face décomposée, le Parisien tendait le poing à Joseph, en criant : « Alors vous allez, sur-le-champ, rétracter vos paroles, puisque vous refusez de me satisfaire.

Joseph. — Je ne rétracte rien ; au contraire, je le répète plus haut que jamais, vous êtes un menteur, un diffamateur et puisque vous prêchez la Commune, votre place est au bagne !

Le Parisien. — Ho ! pour le coup, tu vas me le payer ! Vengeance ! ! ! »

Et, prompt comme l'éclair, il s'élance, écumant de rage, sur Joseph, avec l'intention de le terrasser. Mais, devinant sa pensée, ce dernier fait un écart.....

Le caporal, qui gardait rancune à notre héros, *commence le feu* en vociférant : « A bas le sans-culotte ! A bas le partageux ! Allons, les gars, tapons là-dessus. »

Cette fois, les paysans vaincus par la force des choses, et honteux d'avoir servi les projets du révolutionnaire saisissent avec une évidente satisfaction, l'occasion de se venger.

En un clin d'œil, il est bousculé et frappé. Ces paysans, aveuglés par la colère, s'acharnent sur leur victime : les coups de pieds et les coups de poings pleuvent sans relâche et à qui mieux mieux.....

C'en est fait..... l'on n'entend plus les cris du patient.....

Notre zouave, surpris de ce dénoûment imprévu, voulut s'interposer : « Arrêtez ! Laissez cet homme, vous n'avez pas le droit de le toucher ! » Sa voix ne put dominer le tumulte.

Voyant qu'il n'était pas écouté, et craignant pour la vie de son adversaire, il prit un parti énergique et se jeta dans la mêlée, culbutant les paysans à droite et à gauche.

Enfin, après maint effort, il parvint à arracher à ces justiciers improvisés le fougueux révolutionnaire, redevenu soudain doux comme un agneau.

— Achevons-le ! hurlaient les paysans, achevons ce scélérat — ce bandit — ce communard — ce partageux ! à mort la canaille républicaine !

Le tumulte, grandissant toujours, était arrivé à son paroxysme.

— Que pas un de vous n'y touche ! s'écria Joseph.

Il avait repris son ascendant sur les paysans.

— Votre brutalité, dit-il, est sans excuses. Vous avez gravement manqué à vos devoirs de chrétiens. Vous ne deviez pas vous rendre justice. Grâce à Dieu, nous avons encore des tribunaux, pour condamner les coupables et purger la société. Dieu seul, qui connaît les consciences, sait jusqu'à quel point cet homme est coupable.

C'est une malheureuse victime éblouie par l'or et subjuguée par les chefs du parti républicain. Vous aussi, vous avez été trompés, souvenez-vous-en. Voyez où conduit une trop grande crédulité, et sachez profiter de la leçon !

Puis, se tournant vers le Parisien qui, tremblant de frayeur, se tenait caché derrière lui :

— Quant à vous, rappelez-vous, aussi, qu'il n'est jamais trop tard de revenir au bien. Renoncez à vos errements, et la société des honnêtes gens vous recevra.

Cette rude correction qui vous a été donnée contre mon gré vous profitera, je l'espère. Mais en attendant, faites diligence et quittez le pays. Je vous donne une heure pour filer. Si, à l'expiration de ce délai, vous nous laissez supporter votre présence, je vous dénonce comme affilié à l'Internationale. Les témoins ne manquent pas, et les preuves les plus accablantes pèsent sur vous. Allons ! Dépêchez !

L'ancien caporal. — Mon Dieu ! Si je ne me retenais, comme j'astiquerais encore son fourniment !..... En tout cas, je vais mettre la gendarmerie à ses trousses....

Vous croirez facilement, lecteur, que le Parisien n'attendit pas la fin de ce discours.

Maître sot, honteux et confus,
Jura, mais un peu tard, qu'on ne l'y prendrait plus,

et détala vivement avec son léger bagage.

A sa sortie, les paysans le poursuivirent de leurs huées : peine perdue, il ne les écoutait plus.

FIN.

PARIS. — IMP. VICTOR GOUPY, RUE GARANCIÈRE, 5.

www.ingramcontent.com/pod-product-compliance
Lightning Source LLC
Chambersburg PA
CBHW061236030726

47595CB00004B/1568